PANÉGYRIQUE

DU BIENHEUREUX

J.-B. DE LA SALLE

PRONONCÉ

DANS LA CATHÉDRALE DE REIMS

LE 23 JUIN 1888

Par Mgr d'HULST

Recteur de l'Institut Catholique de Paris.

PARIS

IMPRIMERIE F. LEVÉ

17, RUE CASSETTE, 17

1888

PANÉGYRIQUE

DU BIENHEUREUX

J.-B. DE LA SALLE

PRONONCÉ

DANS LA CATHÉDRALE DE REIMS

LE 23 JUIN 1888

Par Mgr d'HULST

Recteur de l'Institut Catholique de Paris.

PARIS

IMPRIMERIE F. LEVÉ

17, RUE CASSETTE, 17

1888

PANÉGYRIQUE

DU BIENHEUREUX

J.-B. DE LA SALLE

Illi viri misericordiæ sunt quorum pietates non defuerunt. Cum semine eorum permanent bona.

Voilà les hommes d'amour dont la charité ne s'épuise pas. La postérité qu'ils ont laissée perpétue leurs bienfaits. Eccl. XLIV, 10.

Eminence, (1)
Messeigneurs, (2)
Mes Frères,

Il y a quatre mois, une sentence prononcée à Rome terminait un long procès. Ce n'était pas un de ces litiges vulgaires où s'agitent les intérêts de la cupidité. D'un côté, une famille religieuse implorait le droit

(1) Le Cardinal Langénieux, archevêque de Reims.

(2) NN. SS. les Evêques d'Amiens, de Luxembourg, de Saint-Claude, de Soissons, Mgr l'Archevêque de Sébaste, coadjuteur de Rennes.

d'honorer d'un culte public la sainteté de son fondateur ; de l'autre, on voyait celui qui a reçu en dépôt la doctrine et la morale du Christ opposer à ces pieuses instances les sages lenteurs qui permettent d'éprouver les vertus des héros chrétiens avant de les offrir en exemple à l'humanité. Ah ! l'Eglise n'imite pas l'empressement des hommes à décerner les brevets d'héroïsme. On ne la voit pas prodiguer la flatterie sur les cercueils, s'éprendre d'un fol enthousiasme pour des renommées douteuses. Elle ne laisse pas à la multitude aveugle le soin de juger une mémoire. Quand l'admiration et la reconnaissance du peuple soulèvent autour du souvenir d'un homme ce concert d'hommages qui répond à d'immenses bienfaits et à de sublimes exemples, elle ne se hâte pas d'accueillir ces témoignages, surtout elle ne permet pas qu'ils revêtent la forme du culte ou de la prière. Saisie du vœu de ses enfants, elle le soumet à un patient examen. La pureté de la foi, la pratique héroïque des préceptes et des conseils évangéliques, voilà ce qu'elle veut constater dans la personne ; l'importance des services rendus à la société chrétienne, voilà ce qu'elle recherche dans l'œuvre. Et cela ne lui suffit pas encore. Pour autoriser les honneurs du culte, elle demande à Dieu de glorifier son serviteur en mettant au service de son intercession la puissance du miracle.

Telle est,mes Frères la sagesse de l'Epouse de Jésus Christ. Aussi les sentences qu'elle prononce ne sont-elles pas sujettes à réforme ; elles n'ont rien à craindre des désaveux de l'opinion. Depuis tant de siècles, l'histoire n'a pu en casser une seule, et la gloire que l'Eglise décerne ne connaît pas de déclin.

Parmi ces hommes que la parole de Léon XIII vient de désigner à nos hommages, il en est deux qui nous touchent de plus près.

L'un, apôtre de la jeunesse et missionnaire des pauvres, recevait naguère de la catholique Vendée un hommage incomparable, où l'on sentait battre le cœur de toute une province, où la reconnaissance et l'affection allaient chercher, à la distance de deux siècles, celui qui fut vraiment le père et l'ami de son peuple.

L'autre a reçu de Dieu une mission plus universelle. Reims fut son berceau ; Rouen garde sa tombe; Paris vit grandir son œuvre; la France entière, de son vivant, en recueillit le bienfait ; après sa mort, ses fils l'ont portée jusqu'aux extrémités du monde. Ah ! je ne m'étonne pas que d'une province à l'autre les enfants de la France se renvoient l'écho de sa louange! Mais comment Reims n'aurait-elle pas un rôle privilégié dans ce concert !

Eminence,

Il appartenait au Pontife qui occupe la chaire de saint Remy d'acquitter envers le fondateur des écoles chrétiennes la dette de votre glorieuse cité. L'éclat de ces fêtes dit assez comment vous avez su comprendre et remplir cette tâche. Appelé par votre choix à traduire à mon tour le sentiment de votre peuple, je me vois placé entre l'éloquent interprète des traditions de votre Eglise et l'évêque dont la voix puissante, toujours prête à servir d'organe à la vérité, s'adressait naguère à la Vendée, debout tout entière pour l'entendre, et lui redisait en un magnifique langage l'histoire glorieuse de Louis Grignion de Montfort. Ce voisinage m'accable autant qu'il m'honore, et j'en aurais certainement fui le péril si depuis plus de vingt ans je n'avais pris la douce habitude de recevoir l'expression de vos désirs comme les ordres d'un père et de chercher dans ma reconnaissance filiale le courage de les exécuter.

Vous n'attendez pas, mes Frères, que je vous raconte la vie du bienheureux Jean-Baptiste de La Salle. Ce récit vous a été fait hier de manière à décourager l'imitation et à la rendre inutile. Mais peut-être trouverons-nous encore dans le souvenir du serviteur de Dieu des leçons et des exemples propres à nous soutenir dans les luttes qui s'imposent à nous.

Jean-Baptiste de La Salle fut suscité de Dieu pour servir la grande cause de l'enseignement populaire. C'est donc moins sa personne que son œuvre que je voudrais vous montrer. Cette œuvre, il me faudra la placer dans son cadre, faire voir à quels besoins elle répondait et comment elle a su y pourvoir. Enfin de cette vue du passé sortira pour nous l'intelligence de nos devoirs présents.

Ce que l'Eglise a fait pour l'instruction du peuple avant le bienheureux de La Salle, ce qu'elle a fait par lui, ce qu'elle veut faire par nous, tel sera, mes Frères, l'objet et le partage de ce discours.

I

Ce que l'Eglise a fait dans le passé pour l'instruction du peuple ! Elle a donc fait quelque chose ? C'est la question naïve que posera sans doute, en m'écoutant, quelqu'une de ces dupes innocentes que l'impiété fait tous les jours parmi nous, en exploitant sans pudeur la puissance du mensonge. Confondre ce mensonge est une tâche ingrate ; effort superflu si l'on s'adresse à ceux qui savent, effort stérile si l'on parle à ceux qui ignorent et qui s'accommodent aisément du parti-pris. Et pourtant il faudrait bien en finir une fois pour toutes avec un préjugé que condamnent également et la raison et l'histoire.

Qu'est-ce, pour la raison, que la religion chrétienne? C'est avant tout une doctrine. Sans doute' c'est autre chose aussi : un culte, une prière, une société. Mais tout cela s'appuie sur la doctrine. Otez le dogme, tout le reste s'écroule. Et l'Eglise le sait bien, puisqu'elle veille par-dessus tout au maintien de la doctrine. Et ses ennemis ne l'ignorent pas davantage, puis qu'ils lui reprochent son intolérance à l'égard de ceux qui altèrent la formule. Le berceau de l'Eglise, c'est le sommet sacré d'où le Christ, montant au ciel, donne aux Apôtres le mandat d'enseigner tous les peuples dans tous les temps : *Euntes docete omnes gentes... usque ad consummationem sæculi* (1).

Soit, diront nos adversaires. Mais ce que l'Eglise enseigne, ce n'est pas la science; c'est la théologie, c'est le mystère, c'est l'affirmation impossible à vérifier, et, par là même, irréductible au vrai savoir. — En êtes-vous bien sûrs? Oui, sans doute, il y a

(1) Matth. XXVIII, 19, 20.

du mystère dans l'enseignement sacré, mais il y a aussi ces trois choses, qui appartiennent à la science : une histoire, une philosophie, une morale.

Une histoire, car le christianisme n'est pas un système sorti d'une école ; il est un fait apparu en pleine lumière des temps historiques, indissolublement lié à l'existence, à la personne, à l'œuvre de Jésus-Christ, à sa vie, à sa mort, à sa résurrection. Les Apôtres sont des témoins : « Ce que nous avons entendu, disent-ils, ce que nous avons vu de nos yeux, ce que nos mains ont palpé, voilà ce que nous venons vous annoncer touchant le Verbe de vie (1) ». Saint Paul ne craint pas d'appliquer au plus éclatant des miracles du Christ ce critérium de l'évidence historique et d'appuyer sur cette certitude toute la raison d'être du christianisme : « Si le Christ n'est pas ressuscité, s'écrie-t-il, tout s'écroule, et notre prédication, et votre croyance ; nous sommes convaincus d'avoir été *les faux témoins de Dieu : Invenimur et falsi testes Dei*. Si le Christ

(2) I Joan. I, 1.

n'est pas ressuscité, notre foi est vaine... ; nous sommes les plus misérables des hommes (1). »

Le christianisme, fondé sur l'histoire, contient en outre toute une philosophie. Il affermit la raison dans son propre domaine, l'empêche de douter d'elle-même et de s'évanouir dans le scepticisme. C'est la doctrine du vrai Dieu, un et parfait, créateur du monde, antérieur au monde, distinct de son ouvrage, puisqu'il a sa vie propre ; mêlé à son ouvrage, puisqu'il le supporte et le régit. C'est la doctrine de l'homme véritable, à la fois esprit et corps, hôte du temps et citoyen de l'éternité. C'est la vraie conception de l'univers, portant en sa beauté la marque du Créateur et en son imperfection le témoignage de sa contingence. Un ensemble de notions fermes, précises, rationnelles, à la fois sublimes et accessibles, touchant Dieu, l'homme, le monde ; est-ce là, oui ou non, une philosophie ?

Enfin, c'est aussi et surtout une morale, la plus pure, on en convient, la plus impé-

(1) I Cor. XV. 14, 15, 17, 19.

rative, la plus efficace, la plus divine par sa résistance aux tentatives corruptrices du sophisme quand il se fait le complice des passions ; la plus humaine aussi par son adaptation merveilleuse aux énergies inégales de la volonté, offrant aux vertus communes le ferme appui des préceptes, ouvrant aux âmes héroïques les horizons sans bornes de la perfection.

Voilà ce qu'est la religion chrétienne dans son essence. Et vous voulez que l'Eglise, chargée de propager et de perpétuer cette doctrine, soit l'ennemie de l'instruction ? Mais ne voyez-vous pas qu'il faut qu'elle enseigne ou qu'elle périsse ?

Il est vrai qu'on peut être son disciple sans savoir lire. Qu'est-ce que cela prouve, sinon que l'enseignement chrétien est le plus populaire, le plus universel qui se puisse concevoir? Quoi ! Nos sociétés modernes, avec toutes les ressources dont elles disposent, avec l'aggravation de l'impôt, avec le luxe des écoles, avec la multiplication des maîtres, avec la coercition légale, n'ont pas encore fait disparaître les derniers restes de l'ignorance ? et l'Eglise, dans ces temps que vous traitez de barbares, par la seule vertu de l'apostolat, avec les seules richesses de l'aumône, sans menaces, sans contrainte, avait fait entrer dans l'esprit du peuple plus d'idées, plus de solutions précises touchant les grands problèmes de la vie humaine que n'ont pu faire tous vos pédagogues ? Des illettrés lui devaient cette culture? Grâce à elle, ils pouvaient raisonner avec justesse du Créateur et de la créature, de l'intérêt et du devoir, de l'existence présente et de la destinée à venir ? Et qu'est-ce que cela, sinon la plus étonnante diffusion du savoir qui ait jamais paru dans l'humanité ?

Toutefois, si la connaissance des lettres n'est pas indispensable à l'initiation religieuse, elle est pour l'enseignement chrétien un puissant auxiliaire. Et c'est ici que l'histoire vient en aide à la raison pour achever de déterminer la véritable attitude de l'Eglise à l'égard de l'instruction populaire.

Faut-il pour la centième fois reprendre le récit des efforts qu'elle a tentés d'âge en âge pour ouvrir aux plus humbles de ses enfants les sources des utiles connaissances ? Cette exploration à travers l'histoire nous entraînerait trop loin. Bornons-nous à esquisser quelques traits de ce tableau. Pendant trois siècles l'Eglise lutte pour l'existence. Il faut descendre jusqu'à Constantin pour voir la société chrétienne étaler au grand jour la civilisation qui lui est propre. Les écoles populaires font partie de cet organisme, et, cinquante ans après, un empereur apostat ne trouvera rien de mieux à faire pour affaiblir le christianisme que de fermer à ses adeptes l'accès de l'instruction.

Les barbares ont envahi l'Empire. La vieille culture romaine disparaît sous le flot dévastateur. Qui gardera l'étincelle, qui sauvera la semence, qui déposera au sein de ces races violentes et grossières le ferment de l'éducation ? Les évêques et les moines. Ecoles épiscopales, écoles monacales, voilà quels seront, pendant des siècles, les seuls asiles ouverts à l'initiation littéraire et scientifique. Quand Charlemagne, avec tout son génie, voudra étendre les conquuêtes du savoir sur l'universelle ignorance, la hiérarchie sacrée lui fournira seule des maîtres pour fonder l'école palatine et multiplier sur le sol de son empire les foyers d'instruction.

Après la mort du grand homme, il y a comme une nouvelle invasion de l'ignorance. Mais l'Eglise garde la clef des connaissances humaines et son trésor s'ouvre libéralement à quiconque veut s'enrichir. Aux époques les plus sombres de la période féodale,alors que des mains rudes et sanglantes détiennent la puissance séculière, le pouvoir spirituel reste l'apanage de ceux qui ont trouvé dans la culture de l'esprit une noblesse nouvelle. Faut-il rappeler ce duel gigantesque du sacerdoce et de l'empire qu'ici-même, il y a six ans, nous comparions à la lutte de l'esprit contre la chair ? Deux papes surtout personnifient cette résistance héroïque de l'Occident chrétien à la servitude dont l'Orient porte encore aujourd'hui le joug : Grégoire VII et Urbain II. L'un est le fils d'un charpentier, l'autre est le fils d'un haut baron ; l'un et l'autre sont devenus enfants de Saint-Benoît. Le cloître est l'atelier de ces transformations qui de l'artisan ou du seigneur illettré font les chefs de la civilisation et les vainqueurs de la barbarie.

Voici maintenant une période lumineuse ; c'est la partie brillante du moyen-âge. Ne croyez pas que la théologie y ait seule la parole. C'est aussi l'âge de la poésie populaire et de l'épopée nationale, des chansons de geste et des mystères, des fabliaux et des troubadours. Qui donc a instruit ces poètes, qui leur a révélé la puissance du rythme, qui leur a communiqué le secret d'éveiller dans l'âme du peuple la flamme endormie de l'enthousiasme? Ils ont tout appris à l'école des clercs. Les proses rytmées de l'Eglise ont servi de modèles à leurs chants enfantins. La poésie moderne sortira tout entière de ces sources sacrées.

Mais c'est nous arrêter trop longtemps à ces souvenirs. Pressons le pas et retenons seulement ce fait significatif: à mesure que l'histoire curieuse pénètre plus profondément dans l'intérieur de ces sociétés du passé, dont elle n'avait longtemps connu que la surface, elle y découvre chaque jour plus nombreux les témoignages de cet amour du savoir, de ce zèle à le répandre dont l'Eglise gardait alors le monopole, non par un égoïsme jaloux, mais par suite de la négligence des séculiers.

Enfin voici la Renaissance. Certes, il fau

l'avouer, le monopole ici va cesser, la société laïque va se mêler au mouvement et bientôt en prendre la tête. L'Eglise suivra; elle soutiendra vailllamment la concurrence, mais elle ne sera plus l'initiatrice. La Réforme protestante introduit un ferment de révolte dans la culture littéraire et scientifique. C'est la sécularisation du savoir.

Qu'est-ce que cela prouve, mes Frères, sinon que l'enfant, longtemps bercé sur les genoux de l'Eglise, est enfin devenu adulte et s'est enivré de son indépendance ? Est-ce que le sentiment de sa force émancipée lui donnera le droit de mépriser sa mère ? S'il veut exploiter librement son patrimoine, faudra-t-il qu'il se montre ingrat envers la tutrice fidèle qui lui a conservé l'héritage ? Pour admirer sans restriction l'œuvre intellectuelle du XVIe siècle, il faudrait pouvoir la purifier de toutes les scories qui la déshonorent : l'hérésie, la licence, le scepticisme et l'hypocrisie, l'esprit de révolte et l'esprit de despotisme, car il y a de tout cela dans l'époque étrange et troublée qui a enfanté Luther et Vanini, qui a entendu Rabelais et Montaigne, qui a déchaîné les guerres de religion, qui a subi Henri VIII et inspiré Machiavel. Mais oublions un instant toutes ces taches. Ne considérons dans la Renaissance que l'essor de la pensée, l'admirable efflorescence de l'art, l'élan magnifique que prend la science et qui la conduira d'étape en étape jusqu'aux récentes conquêtes dont elle est si fière. Il reste que cette époque orgueilleuse n'a rien fait pour le peuple. Retenez bien ceci, mes Frères; c'est une vérité historique que notre âge a besoin d'entendre.

Tant que l'Eglise a été maîtresse de la culture, tant qu'elle a fait fleurir parmi les nations catholiques une forme universelle de civilisation qui s'appelait la *Chrétienté*, les petits et les pauvres n'ont jamais été exclus de ses faveurs. Par les monastères, l'accès du savoir ; par les ordres sacrés, l'accès des dignités ecclésiastiques demeurait ouvert aux plus humbles enfants de la vieille Europe. Ils portaient dans l'exercice des grandes charges l'esprit démocratique de leurs origines, et c'est ainsi qu'à côté de l'institution féodale, vieux legs des races germaines dont l'Eglise a dû souvent combattre les tendances usurpatrices, on a vu se produire, sous le couvert de la théologie scolastique, une conception politique qui faisait grande la part du peuple dans la transmission et jusque dans l'exercice même du pouvoir.

La Renaissance a du même coup abattu la prépondérance de l'Eglise et inauguré l'absolutisme séculier. Les humanistes et les savants du XVIe siècle pouvaient bien s'intituler les citoyens de la république des lettres. En réalité, ce n'est pas une république qu'ils formaient entre eux, c'est une oligarchie dédaigneuse du vulgaire. Pourvu qu'on leur laissât la liberté de parler et d'écrire, dont ils ont tant abusé, ils s'inquiétaient peu de la multitude et l'abandonnaient volontiers au despotisme des princes. Jamais le peuple n'a été plus foulé qu'à l'heure où l'Eglise, sa tutrice, a vu lui échapper l'empire des sociétés. Avec le mépris des droits du pauvre, le siècle de la Réforme a eu le dédain de son instruction. L'Eglise, au concile de Trente, élève seule la voix pour protester au nom des humbles qu'on sacrifie (1). Mais sa voix se perd dans

(1) Dans sa V[e] session (De Reform., c. 1), le

le tumulte. Les guerres de religion aggravent le mal de l'ignorance et il faut arriver au XVIIe siècle pour voir renaître le souci de l'enseignement populaire. Mais là encore l'initiative part des rangs catholiques et les instruments de cette grande régénération, ce sont les saints.

L'honneur de la priorité appartient à l'Italie. Avec le poète païen, mais en donnant un sens plus noble encore à ses vers, saluons en passant cette terre féconde qui ne cesse d'enfanter les fruits de la grâce et les ouvriers de la sainteté :

Salve, magna parens frugum, Saturnia tellus,
Magna virûm !

Saluons en même temps la catholique Espagne ; car la patrie d'Ignace de Loyola

concile s'occupe surtout de l'éducation des clercs et de l'enseignement de la théologie. Mais là même où la pauvreté de l'Eglise ne permettra pas l'institution d'un *théologal*, il prescrit « qu'il y ait au moins un maître chargé d'enseigner gratuitement la grammaire aux clercs et *aux autres écoliers pauvres : saltem magistrum habeant, ab Episcopo eligendum, qui clericos aliosque scolares pauperes grammaticam gratis doceat.* »

et de François-Xavier, de Jean de la Croix et de Thérèse d'Avila, garde le berceau de Joseph Calasanz. Mais c'est dans la patrie de Philippe de Néri et de Camille de Lellis que devait éclore et s'épanouir l'œuvre des *écoles pies*, sous le patronage de la mère de Dieu. On vit alors des merveilles de charité. Prêtre, docteur, missionnaire célèbre, fondateur et chef d'une congrégation puissante, aimé et recherché par d'illustres pontifes tels que Clément VIII et Paul V, Calasanz aimait à fuir tant d'honneurs pour se réfugier dans une classe de petits enfants, apprendre à lire aux plus pauvres, les accompagner le soir jusqu'à la porte de leurs demeures, puis au retour balayer l'école et chercher enfin le repos dans les veilles prolongées de la pénitence et de la prière. Voilà, mes Frères, un portrait du maître d'école où nos modernes pédagogues auraient quelque peine à se reconnaître. Comparez ensemble les deux types, cherchez de quel côté est le respect du pauvre, le vrai dévouement à l'enfance ; et n'oubliez pas qu'à l'heure où Joseph Calasanz donnait au monde ces grands exemples, les précurseurs de la libre pensée n'avaient encore rien trouvé à faire pour tirer le peuple de l'ignorance où les guerres du siècle précédent l'avaient plongé! Et toutefois, si admirable qu'ait été son initiative, l'œuvre de l'instituteur italien n'a pu garder après lui le caractère de consistance et d'universalité qui répondait aux besoins généraux de la société chrétienne.

Tournons maintenant nos regards vers la France. Nulle part, dans la chrétienté, l'enseignement populaire n'avait été aussi florissant, au temps où l'influence de l'Eglise était prédominante. Au XVe siècle, bon nombre de provinces comptaient autantd'écoles que de paroisses, même dans les campagnes; et l'illustre chancelier Gerson recommande aux évêques de son temps de s'assurer qu'il en est ainsi partout, lorsqu'ils visitent leurs diocèses. Mais les guerres du XVIe siècle avaient multiplié les ruines. On voit alors l'Eglise de France en travail pour relever ce que l'hérésie et les troubles civils ont abattu. Des conciles particuliers s'assemblent dans toutes les provinces pour appliquer la discipline du concile de Trente, et l'établissement des écoles est au premier rang de leur sollicitude. Les évêques reprennent l'œuvre dans les synodes. Les villes, les hospices, les parlements, les rois secondent ce mouvement. Mais partout les maîtres manquent ou ne sont pas à la hauteur de leur tâche.

C'est alors que se révèle, sous une forme nouvelle, la fécondité de l'Eglise dans l'apparition des congrégations enseignantes. Les vierges chrétiennes n'iront plus toutes s'ensevelir dans les cloîtres. Un grand nombre d'entre elles s'adonneront ensemble aux travaux de la charité et du zèle. Et quelle charité sera plus grande, quel zèle mieux dépensé que celui qui s'emploiera à l'instruction des petits et des pauvres? Durant tout le XVIIe siècle, la France voit une prodigieuse germination d'instituts religieux renouveler sur son sol l'organisme de l'instruction populaire. Mais ces précieuses créations ne profitent guère qu'à l'enseignement des jeunes filles. La partie la plus difficile de l'œuvre demeure la plus négligée ; non pas qu'on se désintéresse de l'éducation des jeunes garçons ; mais c'est ici surtout que la pénurie des maîtres se fait sentir. Partout on essaie d'en former : à Lyon, à Paris, à Orléans, à Beauvais, les tentatives se succèdent pour établir des séminaires d'instituteurs. La seule qui obtienne un succès quelque peu étendu est celle de l'abbé Demia à Lyon. Mais son œuvre, qui commençait à rayonner en Dauphiné, en Provence, en Champagne, ne lui survécut qu'en se dénaturant. Le séminaire des maîtres d'école devint un séminaire ecclésiastique.

Ainsi, partout le besoin était reconnu, les volontés étaient prêtes; mais l'homme manquait, l'homme réservé par la Providence pour faire réussir un si grand dessein. *Hominem non habeo*, disait l'Eglise de France en montrant au Christ tout un peuple d'enfants sans maîtres, comme un troupeau sans pasteur.

II

Le Christ a entendu la plainte de sa Fille aînée. L'homme qu'elle réclame, il va le tirer de son sein pour accomplir l'œuvre désirée de l'éducation populaire et en étendre le bienfait au-delà des frontières de notre patrie et jusqu'aux extrémités du monde.

O Reims, réjouis-toi, tes destinées sont belles! A l'origine de notre histoire, tu sers de baptistère à la nation française. Quand la civilisation chrétienne est menacée par l'Islam, c'est toi qui fournis à l'Eglise le pape des Croisades. Quand notre patrie est délivrée du joug étranger par l'héroïsme d'une vierge inspirée, c'est toi qui consacres son triomphe. Eh bien, voici une gloire nouvelle. Il s'agit d'arracher de nouveau et l'Eglise et la France à une double oppression : celle de l'ignorance, celle de la science impie et corruptrice. C'est toi encore, ô noble cité, c'est toi, vieille basilique de Reims, qui nous enverras l'artisan de ce grand ouvrage!

Dieu l'a préparé avec un soin jaloux : il l'a fait noble, pour qu'il puisse s'humilier; il l'a fait riche, pour qu'il puisse se dépouiller ; délicat et sensible, pour qu'il puisse se crucifier; il l'a fait docte et sage, pour qu'il puisse tout ensemble immoler et consacrer ces avantages aux intérêts des petits enfants. Tout jeune, il l'a introduit dans l'illustre chapitre de cette Eglise, pour qu'il puisse abdiquer l'honneur et le revenu de ce bénéfice et affronter sans titre et sans crédit toutes les difficultés de sa tâche.

Elles sont sublimes, mes Frères, elles sont touchantes aussi ces délibérations du Bienheureux, lorsque, déjà certain de sa vocation, il hésite sur l'étendue des sacrifices que Dieu lui demande. Il ne s'agit pas pour lui de se ménager. Il a fait au-dedans de lui-même tous les renoncements à la fois; il a voué son corps à la pénitence, son cœur à la charité, sa vie au travail et à la souffrance. Il a fait de sa maison une école de petits enfants et un séminaire de jeunes maîtres. Il a commencé d'envoyer au dehors ses premiers compagnons. Déjà les écoles de Rethel, de Guise, de Laon sont fondées. L'œuvre est créée, il faut qu'elle grandisse. Ni le bénéfice du chanoine de Reims, ni son patrimoine ne sauraient suffire à la soutenir; mais ce seront du moins des ressources assurées pour les jours de détresse. Et puis le fondateur d'une œuvre nouvelle doit s'attendre à la contradiction; pour en soutenir le choc, n'a-t-il pas besoin de crédit et d'influence? Il trouvera l'un et l'autre dans le lien qui le rattache à l'une des plus illustres métropoles du royaume. Ainsi parle une légitime prudence par la bouche des plus sages conseillers. Mais la sagesse de la Croix tient un autre langage. Que pèsent vos chétifs trésors dans la balance de Dieu ? L'œuvre qu'il s'agit d'entreprendre est une extension de l'apostolat ; or, Jésus-Christ a fondé l'apostolat sur le renoncement absolu ; il n'a pas concédé à ses Apôtres une tunique de rechange, ni un sac, ni un bâton. *Non peram in via, neque duas tunicas, neque virgam* (1).

Pour mener l'œuvre à bien, il faut beaucoup recevoir de Dieu : or, Dieu donne plus à qui lui sacrifie davantage ; il donne tout à qui lui sacrifie tout. Enfin le Sauveur a dit : « Que celui qui est le premier parmi vous prenne le rang des serviteurs » (2) ; or, Jean-Baptiste de La Salle est le premier entre ses frères : convient-il qu'il garde sur eux la supériorité de la fortune et du bien-être ? Quand la pauvreté fera sentir son aiguillon, quand l'inquiétude de l'avenir s'introduira dans les âmes des frères, ils se diront : Notre société va périr ; épuisés, ma-

(1) Math. X, 10.
(2) Math. XXIII, 11.

lades, ignorants de tout autre métier, nous verrons se fermer devant nous toutes les portes et nous manquerons de pain ; pendant ce temps notre supérieur retrouvera la sécurité dans sa prébende et l'aisance dans sa maison. Cette pensée est pour Jean-Baptiste le trait de lumière. La cause est entendue. Un mot d'un saint moine, le P. Barré, formulera la sentence ; c'est la parole de Jésus-Christ même : « Les renards ont leurs tanières, les oiseaux du ciel ont leurs nids, le Fils de l'homme n'a pas où reposer sa tête. » Jean-Baptiste s'étonne d'avoir délibéré si longtemps : il sera pauvre avec Jésus-Christ, pauvre avec ses frères ; il résigne son canonicat, il vend son bien ; au lieu d'en consacrer le prix à doter ses écoles, il le distribue aux victimes de la famine ; il emploie deux ans à l'achèvement du sacrifice. Et maintenant, il n'a plus rien, il n'est plus qu'un pauvre prêtre sans titre, sans dignité, sans revenu, sans office, comme rejeté de l'Eglise et de la société humaine, *tanquam purgamenta hujus mundi* (1). L'offrande est complète. Dieu l'accepte.

(1) I Cor. IV, 13.

Jean-Baptiste s'est offert à l'indigence : il en sentira toutes les rigueurs. Deux fois la disette ravage nos provinces, deux fois la communauté des Frères apprend à supporter la faim. Il s'est offert au mépris : il en savourera toutes les amertumes. Il ne lui suffira pas d'être méprisé des méchants : il faut encore que, par une permission de la Providence,les serviteurs de Dieu lui prodiguent l'humiliation. Trois prêtres éminents, célèbres par leur piété et leur zèle, se succèdent dans la cure de Saint-Sulpice, à Paris : le premier fait mille instances pour attirer dans sa paroisse l'instituteur des Frères ; les deux autres se font les patrons de son œuvre ; mais tous les trois veulent substituer leur direction à la sienne, lui font sentir durement leur autorité et finissent par repousser sa personne en essayant de séparer de lui ses enfants. Un archevêque de Rouen, vénéré pour ses hautes qualités pastorales, possède dans son diocèse le noviciat des Frères : il ne témoigne que du dédain pour celui qui a fait fleurir dans le champ de son Eglise les vertus d'une nouvelle Thébaïde. Un curé de Rouen ose accuser de mensonge le saint vieillard à son lit de mort ; l'accusation trouve créance, les derniers jours du Bienheureux sont empoisonnés d'amertume.

Mais ce n'est pas assez d'être foulé aux pieds par ceux du dehors : Jean-Baptiste connaîtra cette suprême douleur : être méconnu de ses enfants. Plusieurs de ses premiers élus le trahissent, servent les desseins de ses ennemis et finissent par le quitter en violant leurs vœux. Parmi ceux qui lui restent fidèles, il en est qui le vénèrent comme un saint et qui ne cessent de l'offenser. Il semble que cet homme admirable porte malheur à l'œuvre qu'il a fondée. Partout où il l'établit, un orage se forme contre lui et menace son entreprise. Après quarante années d'efforts, de travaux prodigieux, après des miracles de vertu, de dévonement et de zèle, il laisse un établissement incertain, des règles contredites, une congrégation estimée sans doute, mais dont rien ne fait prévoir les grandes destinées. Les dernières années de sa vie sont tellement marquées du sceau de l'épreuve qu'il juge à propos de disparaître pour un temps, de se rendre invisible à ses propres enfants, comme pour détourner de sa famille d'adoption l'animosité dont il est l'objet.

Tandis que les hommes le traitent avec cette rigueur, comment le serviteur de Dieu va-t-il se traiter lui-même? Il saura renchérir encore sur les sévérités qui l'accablent. Depuis qu'il a entendu l'appel divin, il s'est fait victime, et il ne cesse de poursuivre sur sa personne les impitoyables revendications de la pénitence. Sa mortification est effrayante ; elle durera autant que sa vie, elle sera contagieuse et trouvera dans ses premiers compagnons d'héroïques imitateurs .A son exemple,on verra de pauvres maîtres d'école, au soir de leurs laborieuses journées, se contenter d'une maigre pitance qui ne satisfait pas leur faim et prélever ensuite sur les heures de la nuit le temps des veilles, des prières prolongées, des macérations sanglantes. O sages du siècle, si vous raillez ces maîtres d'école, ils peuvent supporter vos railleries. De la gloire où ils sont entrés ils prennent en pitié vos mépris et vous jettent d'en haut la parole de l'Apôtre : « Nous avons été fous, c'est vrai, fous pour Jésus-Christ : *Nos stulti propter Christum* (1). » Mais cette folie-là a été plus sage que votre habileté : *Quia quod stultum est Dei sapientius est hominibus*, et dans les luttes que soutenait notre infirmité le dernier mot est resté à la force de Dieu : *Et quod infirmum est Dei fortius est hominibus* (2). »

Voilà l'homme, mes Frères, voilà l'initiateur que Dieu a choisi pour servir la cause de l'enseignement populaire. Ainsi désigné, ainsi préparé, il l'a servie en perfection. Ce prêtre, dont le regard était toujours levé au ciel, a pénétré avec une clairvoyance sans égale les besoins de son pays et de son siècle. Il a vu l'erreur de ceux qui négligeaient l'enseignement du peuple ; avec Fénelon, avec Vauban, avec tous les esprits généreux et libres du siècle de Louis-le Grand, il a pressenti, au plus fort de l'absolutisme royal, de prochaines et redoutables transformations ; il a compris que le temps n'était pas loin où la volonté d'un seul ne pourrait plus régir un peuple, où les privilèges d'un

(1) I Cor. IV, 10.
(2) I Cor. I. 25.

petit nombre ne pourraient plus défrayer le besoin de liberté qui tourmentait les masses populaires, où l'instruction descendrait des sommets dans la plaine, des classes élevées dans la multitude, portant avec elle la vie ou la mort, selon que la source où elle s'alimente serait saine ou empoisonnée.

Et alors il a décidé que l'heure était venue pour l'Eglise de tenter un grand effort pour prendre en main l'enseignement du peuple. Il ne veut plus qu'on se contente d'ouvrir aux fils des pauvres l'accès des études cléricales ; c'est une forme nouvelle de l'étude qu'il inaugure, forme démocratique et séculière, adaptée aux besoins du grand nombre, allégée de tout ce qui en restreindrait le développement. Ce que le paysan et l'ouvrier ont besoin de savoir pour se soutenir et s'élever dans leur profession, la lecture, l'écriture, le calcul, la rédaction des contrats vulgaires, voilà l'objet de cette pédagogie nouvelle qui déconcerte les anciens maîtres, qui excite leur mépris par son humilité, leur jalousie par ses succès. Plus de latin ; ceux qui l'apprennent songeraient à monter plus haut, et l'abbé de La Salle ne veut pas faire des déclassés, mais des citoyens utiles et contents de leur sort.

Telle est la conception du saint instituteur : parce qu'elle est juste, elle réussit ; parce qu'elle réussit entre les mains d'un apôtre, elle profite à l'apostolat. Car cette école si moderne dans son essence, elle est par-dessus tout l'école chrétienne. L'enseignement élémentaire qu'elle dispense est le véhicule de la foi. Si l'élève des Frères n'apprend pas le latin, il apprend le français dans des livres qui mettent la vérité dans son esprit, l'amour du bien dans son cœur, forment sa conscience et font pénétrer dans les profondeurs de son âme les principes, les sentiments et les habitudes dont se compose le tempérament chrétien. Les exemples de ses maîtres, les pratiques religieuses, tout un ensemble d'influences douces et salutaires achèvent en lui l'œuvre d'initiation religieuse. Et ces avantages, remarquez-le bien, ne seront plus le privilège d'un petit nombre. L'école telle que le Bienheureux l'a conçue, c'est l'école universelle, celle qu'on peut établir partout, que tous peuvent fréquenter et qui répond aux besoins de tous.

Voilà le véritable enseignement populaire. Pour le distribuer, il faut aussi des maîtres nouveaux : maîtres chrétiens, puisque le but dernier est l'éducation chrétienne; maîtres unis par le lien puissant de l'obéissance religieuse, puisqu'il s'agit de maintenir et de propager une idée qui s'altérerait bien vite si elle ne trouvait pour la servir que des interprètes isolés et indépendants. Mais ces maîtres chrétiens, revêtus de l'habit religieux, resteront laïques au vrai sens du mot, c'est-à-dire éloignés des saints ordres ; car la seule possibilité de monter un jour à l'autel pourrait les détourner de leur humble mission et porter leurs désirs vers de plus hauts ministères. Pour leur fermer à tout jamais ces perspectives, leur fondateur ira jusqu'à leur interdire la connaissance du latin. Beaucoup d'entre eux, par l'étude patiente et prolongée, deviendront habiles dans les arts, dans les sciences, dans toutes les applications du savoir professionnel; la formation classique leur demeurera étrangère, et par là se trouve inauguré, deux cents ans avant nos modernes pédagogues, cet enseignement spécial qu'on prétend avoir découvert de nos jours pour remédier aux excès d'une culture indiscrète qui ne produit que des déclassés.

La pierre de touche du génie,c'est le pouvoir qu'il a de se survivre dans son ouvrage. Cette gloire n'a pas manqué au grand rénovateur de l'enseignement populaire. Lui vivant, son œuvre a triomphé laborieusement des obstacles accumulés sur sa route ; après sa mort, elle connaît enfin la grande fécondité que l'Eglise communique aux entreprises pénétrées de son esprit. Le Pape accorde la Bulle d'institution, le roi donne les lettres-patentes à l'Institut des Frères. Le noviciat de Saint-Yon se développe ; l'ordre des maîtres d'école franchit nos frontières. En France, il résiste à la tourmente révolutionnaire, il donne à l'Eglise des martyrs et des confesseurs ; chassés de leurs maisons, poursuivis pour avoir refusé un serment schismatique que la loi persécutrice elle-même ne leur imposait pas, les Frères se dispersent dans les villages et y reprennent, sous l'habit séculier, l'humble fonction d'instituteurs volontaires, jusqu'au jour où la société française, reconstituée par une main puissante, fait un nouvel appel au dévouement dont les Fils de de La Salle ont gardé la tradition.

Notre siècle est pour leur Institut l'époque de la grande expansion. Nous l'avons vu suffire à toutes les tâches, soutenir toutes les concurrences, provoquer les plus heureuses imitations, défendre à force de succès de justes privilèges, puis s'en passer quand on les lui retire et retrouver, sous les auspices d'une liberté contredite et d'une pauvreté joyeuse plus d'honneur et de crédit qu'il n'en avai reçu de la protection du pouvoir. Tandis que dans notre chère patrie, livrée au fanatisme de l'impiété, la barbare laïscisation poursuit ses ravagee, le peuple ne cesse de rendre témoignage par ses préférences à ceux qui personnifient l'école chrétienne. Et pendant ce temps là l'Institut s'étend au dehors ; le Frère ignorantin va porter la lumière aux chrétiens de Syrie, aux fellahs d'Egypte ; il accompagne au delà des océans le missionnaire et la Sœur de Charité et force les témoins de sa généreuse initiative à saluer sous sa robe noire, avec le génie bienfaisant de l'Eglise catholique, le prestige de cette nation que le Christ a choisie pour accomplir ses gestes dans l'univers.

III

Voilà donc, mes Frères, ce que l'Eglise a fait jusqu'à nous pour l'enseignement populaire. Son œuvre n'est pas achevée. Jusqu'ici elle a trouvé de dignes ouvriers, et Jean-Baptiste de La Salle a pris place parmi les plus grands. L'heure du repos n'est pas venue, il faut encore des serviteurs à cette cause. Ne les cherchons pas loin de nous ; c'est dans nos rangs que Dieu les a choisis. J'achèverai ma tâche en vous disant quel est ici notre devoir.

Nobles fils du bienheureux de La Salle, c'est à vous que je dois m'adresser tout d'abord. Votre père vous a légué sa gloire : à vous de la transmettre sans l'amoindrir. Nous vivons dans un temps où la mission de l'instituteur populaire est mal comprise : on la fausse et on l'exagère. On attribue au maître d'école tous les rôles, on attend de lui tous les miracles. Suivant la préoccupation du moment, c'est lui qui doit ramener la victoire sous nos drapeaux, assurer la moralité ou généraliser le bien-être, venir à bout du vice et de la misère, substituer l'harmonie des intérêts et celle des volontés aux dissensions politiques et à l'antagonisme des classes. En même temps qu'on grossit outre mesure la puissance de l'instruction populaire, on l'isole des sources où elle pourrait puiser une partie des vertus merveilleuses qu'on lui prête ; on la sépare de la religion, on ne veut même plus lui donner pour base une philosophie spiritualiste, on l'incline à chercher les principes de la morale dans le domaine exclusif des faits sensibles. Les conséquences de ces folies ne se font pas attendre : à mesure que l'instruction s'étend, la moralité baisse, le vice devient cynique et le crime précoce. La demi-science, distribuée sous les auspices de l'orgueil, rencontre dans l'âme de l'enfant les passions brutales et se fait leur servante. *Ni Dieu, ni maître*, telle est la formule à laquelle aboutit un enseignement fondé sur l'apostasie.

Pauvre peuple de France, sous la conduite de ceux qui t'instruisent pour t'égarer qui te flattent pour t'exploiter,tu ressembles à un navire dont on aurait tendu les voiles et brisé le gouvernail. Le premier vent qui passe te jette aux écueils. Le premier ambitieux venu se fait un jeu de te pousser à ta perte, pourvu que ton enthousiasme d'un jour serve sa fortune et défraie ses plaisirs.

Une date célèbre s'approche. On s'apprête plus que jamais à encenser la multitude, à lui dire qu'elle est le vrai Dieu, que tout pouvoir émane d'elle, que sa volonté crée le droit et transforme le crime en vertu. Voilà à quelle besogne on emploie les maîtres de l'enfance, afin que dans ces jeunes esprits l'erreur s'établisse la première et les marque pour la vie d'une fatale empreinte.

Frères des écoles chrétiennes, c'est à combattre ce fléau que votre vocation vous destine. Rendez-vous dignes de cette mission Les yeux fixés sur votre saint fondateur, faites revivre en vous-mêmes et montrez à votre temps le vrai modèle du maître chrétien. Comme votre père, soyez humbles !

Que la gloire qui de sa personne rejaillit sur votre condition vous trouve occupés à méditer votre néant, à pleurer vos fautes, à interroger votre passé pour y surprendre peut-être le secret de vos défaites et trouver là, par la vertu de l'humilité, le secret de vos prochaines victoires ! Dieu vous a placés au second rang de l'apostolat dans son Eglise, ne soyez pas jaloux du premier. La sainteté ne connaît pas de frontières ; sans usurper aucune prérogative, vous pouvez être les premiers dans le royaume des cieux.

Ainsi fondée sur le mépris de vous-mêmes, votre vertu rayonnera au dehors, elle inspirera votre zèle, elle le nourrira de la divine charité, elle vous détournera des ambitions malsaines, elle allumera en vous des désirs célestes. Par vos soins, l'école chrétienne méritera mieux son nom ; les générations confiées à votre sollicitude grandiron dans la connaissance et dans l'amour de Jésus-Christ. A côté de cette société ivre d'orgueil et de plaisirs qui se précipite vers les abîmes, une autre société s'élèvera, race privilégiée, famille d'élite chargée de relever les ruines et d'offrir à notre nation égarée et malheureuse les ressources suprêmes de sa résurrection morale. Alors, alors seulement, il sera vrai de dire que les maîtres d'école auront remporté les grandes victoires, non pas celles qui détruisent un peuple vaincu, mais celles qui préparent un peuple vainqueur.

Et vous, mes Frères, n'aurez-vous pas votre part dans ce combat et dans ce triomphe ?

L'école chrétienne est nécessaire. Pour la diriger, il faut des maîtres chrétiens ; mais pour la fonder, pour la soutenir, à qui l'Eglise, cette mère des âmes, va-t-elle s'adresser, sinon à vous-mêmes ?

Autrefois, je le sais, elle s'adressait aux pouvoirs publics. Entre les deux sociétés, c'était l'harmonie, c'était l'alliance. L'Etat pourvoyait aux besoins de l'instruction populaire, l'Eglise y déposait le ferment de la vérité religieuse. Vous pouviez alors réserver vos aumônes pour les misères qui affligent les corps ou qui brisent les cœurs.

Les temps sont changés. Les charges publiques se sont accrues, mais l'enseignement chrétien n'a plus de part aux trésors qu'elles alimentent. Pour faire des écoles chrétiennes, la liberté seule nous reste, liberté dépouillée, liberté militante, qui ne peut emprunter ses ressources qu'aux sacrifices volontaires des enfants de Dieu.

Ah ! ne nous en plaignons pas ! Quand Dieu demande, il donne encore. Si le pauvre a besoin d'aumônes, le riche a besoin de charité. Si la classe populaire a besoin d'instruction chrétienne, la classe aisée a besoin de renoncement. Ne voyez-vous pas qu'elle périt par l'égoïsme ? Elle s'est endormie dans le bien-être, elle a dissipé follement ses réserves d'intelligence et de vertu, elle a perdu dans l'inutilité de ses loisirs la légitime influence qu'elle tenait de sa condition. Et voici apparaître, pour la remplacer dans le gouvernement des sociétés, des groupes nouveaux que rien n'a préparés à l'honneur de cette tâche et qui ne peuvent qu'accélérer la ruine. O vous que la naissance ou la fortune désignait autrefois pour conduire vos semblables, voulez-vous reconquérir votre place ? Ne cherchez pas d'autre privilège que celui du dévouement; qu'on vous voie les premiers à la peine, les premiers au sacrifice ! S'il faut pour cela réformer vos habitudes, renoncer à vos plaisirs, introduire dans votre existence une austérité oubliée, sachez bénir Dieu de cette exigence. C'est le salut pour vous, c'est l'honneur, c'est la régénération qui commence. C'est pour la France entière la résurrection et la vie.

O bienheureux de La Salle, voyez à vos pieds ces deux moitiés de peuple ! Sauvez l'une par l'autre ! Assurez à l'une le bienfait de l'instruction chrétienne, à l'autre le mérite de l'avoir procurée ! Que l'œuvre rédemptrice inaugurée par vous sur notre sol trouve en nous ses continuateurs, ses apôtres, au besoin ses martyrs ! Par les âpres sentiers que vous avez foulés, conduisez-nous sur vos traces jusqu'à cette gloire que vous avez conquise et qui projette aujourd'hui ses rayons sur votre patrie de la terre pour lui montrer le chemin du ciel ! Ainsi soit-il !

15986. — Paris. Imprimerie F. Levé, rue Cassette, 17.

www.ingramcontent.com/pod-product-compliance
Ingram Content Group UK Ltd.
Pitfield, Milton Keynes, MK11 3LW, UK
UKHW021520260726
13993UKWH00004B/1794